中华人民共和国行业推荐性标准

# 公路水泥混凝土路面再生利用技术细则

Technical Guidelines for Recycling of Highway
Cement Concrete Pavement

JTG/T F31—2014

主编单位：交通运输部公路科学研究院
批准部门：中华人民共和国交通运输部
实施日期：2014 年 06 月 01 日

人民交通出版社

## 图书在版编目（CIP）数据

公路水泥混凝土路面再生利用技术细则 JTG/T F31—2014／交通运输部公路科学研究院主编. — 北京：人民交通出版社，2014.4

ISBN 978-7-114-11360-4

Ⅰ.①公… Ⅱ.①交… Ⅲ.①水泥混凝土路面—再生产—技术规范—中国 Ⅳ.①U416.216-65

中国版本图书馆 CIP 数据核字（2014）第 073900 号

标准类型：中华人民共和国行业推荐性标准
标准名称：**公路水泥混凝土路面再生利用技术细则**
标准编号：JTG/T F31—2014
主编单位：交通运输部公路科学研究院
责任编辑：李　农
出版发行：人民交通出版社股份有限公司
地　　址：（100011）北京市朝阳区安定门外外馆斜街 3 号
网　　址：http://www.ccpress.com.cn
销售电话：（010）59757973
总 经 销：人民交通出版社股份有限公司发行部
经　　销：各地新华书店
印　　刷：北京市密东印刷有限公司
开　　本：880×1230　1/16
印　　张：2.25
字　　数：52 千
版　　次：2014 年 4 月　第 1 版
印　　次：2023 年 12 月　第 4 次印刷
书　　号：ISBN 978-7-114-11360-4
定　　价：30.00 元

（有印刷、装订质量问题的图书，由本社负责调换）

# 中华人民共和国交通运输部

# 公 告

2014 年第 12 号

## 交通运输部关于发布
## 《公路水泥混凝土路面再生利用技术细则》的公告

现发布《公路水泥混凝土路面再生利用技术细则》(JTG/T F31—2014)，作为公路工程行业推荐性标准，自 2014 年 6 月 1 日起施行。

《公路水泥混凝土路面再生利用技术细则》(JTG/T F31—2014) 的管理权和解释权归交通运输部，日常解释和管理工作由主编单位交通运输部公路科学研究院负责。

请各有关单位注意在实践中总结经验，及时将发现的问题和修改建议函告交通运输部公路科学研究院（地址：北京市海淀区西土城路 8 号，邮政编码：100088），以便修订时研用。

特此公告。

中华人民共和国交通运输部
2014 年 4 月 1 日

交通运输部办公厅　　　　　　　　　　　　　　　　　2014 年 4 月 2 日印发

# 前　言

根据交通运输部厅公路字〔2011〕115号文《关于下达2011年度公路工程标准制修订项目计划的通知》，由交通运输部公路科学研究院承担《公路水泥混凝土路面再生利用技术细则》的制定工作。

本细则的编制以强化科技成果推广，注重资源节约利用，保护生态环境为理念，主要规范了多锤头碎石化、共振碎石化、冲击压裂碎石化及板式打裂等关键技术在旧水泥混凝土路面改造工程中的应用。编写组以国内外现有研究成果为基础，结合实际工程经验，广泛征求意见，几经修改补充，完成了细则的编制任务。

本细则分7章，主要包括旧路调查与分析、再生利用设计、就地碎石化施工、就地发裂施工和集中破碎再生等内容，对旧水泥混凝土路面再生决策、方案选择、设计、施工及检查验收等都作了具体的规定。对其他规范已经涉及并阐述得比较清楚的内容，本细则不再涉及，应用时可按相关规范执行。

请各有关单位在执行过程中，将发现的问题和意见，函告本细则日常管理组，联系人：赵之杰（地址：北京市海淀区西土城路8号，邮编：100088；电话：010-62079080，传真：010-62079201；电子邮箱：zzjcbms@126.com），以便修订时参考。

**主　编　单　位：** 交通运输部公路科学研究院
**参　编　单　位：** 汇通路桥建设集团有限公司
　　　　　　　　　重庆交通大学
　　　　　　　　　广东省公路管理局
　　　　　　　　　陕西省公路管理局
　　　　　　　　　湖北省公路管理局
**主　　　　编：** 赵之杰
**主要参编人员：** 张　阳　赵美玲　凌天清　李林生　舒　森
　　　　　　　　章征春　付　智　范长春　张　峰
**主　　　　审：** 王松根

# 目　次

1 总则 ················································································· 1
2 术语 ················································································· 2
3 旧路调查与分析 ································································ 3
　3.1 一般规定 ································································· 3
　3.2 资料收集 ································································· 3
　3.3 旧路现状调查 ·························································· 4
　3.4 沿线构造物及施工环境调查 ······································ 5
　3.5 旧路状况分析 ·························································· 6
4 再生利用设计 ···································································· 7
　4.1 一般规定 ································································· 7
　4.2 再生利用技术选择 ···················································· 8
　4.3 旧路处置与排水设计 ················································ 9
　4.4 加铺层结构设计 ······················································ 10
5 就地碎石化施工 ······························································· 14
　5.1 一般规定 ································································ 14
　5.2 设备要求 ································································ 14
　5.3 施工准备 ································································ 15
　5.4 试验路段 ································································ 16
　5.5 多锤头碎石化施工 ·················································· 17
　5.6 共振碎石化施工 ······················································ 18
　5.7 就地碎石化施工质量检验 ········································ 18
6 就地发裂施工 ··································································· 20
　6.1 一般规定 ································································ 20
　6.2 设备要求 ································································ 20
　6.3 施工准备 ································································ 21
　6.4 试验路段 ································································ 21
　6.5 板式打裂压稳施工 ·················································· 22
　6.6 冲击压裂施工 ························································· 23
　6.7 就地发裂施工质量检验 ··········································· 24
7 集中破碎再生 ··································································· 25
　7.1 一般规定 ································································ 25

7.2 设备要求 ………………………………………………………………………… 25

7.3 再生集料质量要求 ……………………………………………………………… 25

**附录 A** 水泥混凝土路面就地再生加铺层参考结构 ………………………………… 27

**本细则用词用语说明** ……………………………………………………………… 28

# 1 总则

**1.0.1** 为规范水泥混凝土路面再生利用技术的应用，提高水泥混凝土路面再生利用技术水平，保证水泥混凝土路面再生利用工程质量，制定本细则。

**1.0.2** 本细则适用于各等级公路普通水泥混凝土路面的再生利用工程。

**1.0.3** 应遵循资源节约、环境保护、技术可靠、经济合理的原则，选择适宜的再生利用技术。

**1.0.4** 应积极稳妥地采用成熟可靠的新材料、新设备、新工艺和新技术。

**1.0.5** 水泥混凝土路面再生利用除应符合本细则的规定外，尚应符合国家和行业现行有关标准的规定。

# 2 术语

**2.0.1** 水泥混凝土路面再生利用技术　cement concrete pavement recycling
采用就地破碎、发裂或集中破碎等方式，利用旧水泥混凝土路面强度和材料的技术。

**2.0.2** 就地再生利用技术　in-place recycling
采用专用设备对旧水泥混凝土路面进行原位破碎、打裂压稳或冲击压裂等工艺处置后，作为基层或底基层使用的技术。

**2.0.3** 就地碎石化再生利用技术　in-place rubbilization recycling
采用多锤头破碎机或共振破碎机等专用设备将旧水泥混凝土路面原位破碎成具有一定尺寸的颗粒嵌挤体，作为基层或底基层使用的技术。

**2.0.4** 多锤头碎石化再生利用技术　multi-head breaker rubbilization recycling
采用多锤头破碎机和Z型单钢轮振动压路机进行旧水泥混凝土路面就地碎石化再生利用的技术。

**2.0.5** 共振碎石化再生利用技术　resonant rubbilization recycling
采用共振破碎机进行旧水泥混凝土路面就地碎石化再生利用的技术。

**2.0.6** 就地发裂再生利用技术　in-place cracking recycling
采用板式破碎机或冲击压路机等专用设备将旧水泥混凝土路面原位破碎成不规则的块状嵌挤体，作为底基层使用的技术。

**2.0.7** 板式打裂压稳再生利用技术　plate breaking and re-rolling recycling
采用板式破碎机进行旧水泥混凝土路面就地发裂再生利用的技术。

**2.0.8** 冲击压裂再生利用技术　impact compaction recycling
采用冲击压路机进行旧水泥混凝土路面就地发裂再生利用的技术。

# 3 旧路调查与分析

## 3.1 一般规定

**3.1.1** 水泥混凝土路面再生利用路段,应开展有针对性的调查分析工作,为再生利用方式决策、设计和施工提供依据。

**3.1.2** 旧路面状况调查,应包括旧路基础资料、气候条件、交通量、旧路面技术状况、沿线设施等内容。

## 3.2 资料收集

**3.2.1** 应收集旧路设计文件、竣工图纸等资料。

**条文说明**

收集旧路资料的目的是了解路面结构组成、排水设施等旧路设计情况。

**3.2.2** 应收集沿线路侧挡墙、桥梁、管涵、地下管线等构造物的位置桩号、结构尺寸等资料。

**3.2.3** 应收集旧路通车运营期间的养护和路面检测资料。

**条文说明**

收集旧路运营期间养护和检测资料的目的是了解旧路面曾经产生的病害类型、处置方案及效果。

**3.2.4** 应收集路段历史交通量、交通组成及轴载资料。

**3.2.5** 应收集路段气象、水文、地质等相关资料。

**条文说明**

雨、雪天气，水易灌入破碎体，影响路面结构耐久性，是施工组织中要考虑的重要因素。

## 3.3 旧路现状调查

**3.3.1** 旧路现状应调查断板率、脱空率、沥青混合料修补面积、面板强度、换板情况、基层结构类型、基层病害处置方式、路基 CBR 值、路基软弱路段、路基含水率、地下水位深度、交通量及组成等。

**3.3.2** 断板率、脱空率的调查和计算应按现行《公路水泥混凝土路面养护技术规范》（JTJ 073.1）规定执行，断板率、脱空率相近路段应归并为一个统计段落。

**3.3.3** 应对调查路段钻芯实测混凝土路面劈裂强度。每公里取样个数不宜少于 3 个；超过 3km 路段，每公里取样个数不应少于 1 个，取样总数应满足统计和计算的需要。试块尺寸宜为 $\phi 15 \text{cm} \times 15 \text{cm}$。劈裂强度计算应按现行《公路工程水泥及水泥混凝土试验规程》（JTG E30）的规定执行。

**3.3.4** 水泥混凝土面板钻芯劈裂强度可按式（3.3.4-1）计算面板芯样劈裂强度代表值，并应记录其最小值 $f_{\text{sp,min}}$。可按式（3.3.4-2）计算面板芯样抗压强度代表值。

$$\overline{f_{\text{sp}}} = \frac{\sum\limits_{i=1}^{n} f_{\text{sp},i}}{n}$$

$$S = \sqrt{\frac{\sum\limits_{i=1}^{n}(f_{\text{sp},i} - \overline{f_{\text{sp}}})^2}{n-1}}$$

$$f_{\text{sp}} = \overline{f_{\text{sp}}} - Z_a S \tag{3.3.4-1}$$

式中：$n$——测点数；

$f_{\text{sp},i}$——各测点的劈裂强度值（MPa）；

$\overline{f_{\text{sp}}}$——所有测点的劈裂强度平均值（MPa）；

$Z_a$——保证率系数，高速、一级公路取 1.645，二级及二级以下公路取 1.282；

$S$——标准差；

$f_{\text{sp}}$——劈裂强度代表值（MPa）。

$$f_{\text{sc}} = 7 \times 1.12 \times f_{\text{sp}}^{1.21} \tag{3.3.4-2}$$

式中：$f_{\text{sc}}$——水泥混凝土面板钻芯抗压强度代表值（MPa）。

**3.3.5** 应采用现行《公路路基路面现场测试规程》（JTG E60）测定路基土的 CBR 值。取样个数每公里不宜少于 3 个，取样总数应满足统计和计算的需要。按式（3.3.5）计算各施工段落的 CBR 代表值。

$$\overline{\mathrm{CBR}} = \frac{\sum_{i=1}^{n} \mathrm{CBR}_i}{n}$$

$$S = \sqrt{\frac{\sum_{i=1}^{n}(\mathrm{CBR}_i - \overline{\mathrm{CBR}})^2}{n-1}}$$

$$\mathrm{CBR} = \overline{\mathrm{CBR}} - Z_a S \tag{3.3.5}$$

式中：$n$——测点数；

$\mathrm{CBR}_i$——各测点的 CBR 值（%）；

$S$——标准差；

$\overline{\mathrm{CBR}}$——所有测点的 CBR 平均值（%）；

$Z_a$——保证率系数，高速、一级公路取 1.645，二级及二级以下公路取 1.282；

CBR——施工段落的 CBR 代表值（%）。

**3.3.6** 应调查路基存在 CBR 值小于 5，以及强度不足、出现软弹、过湿、沉陷等状况段落的面积及桩号，并拍照存档。

**3.3.7** 应采用挖探或钻探等方法实测旧路基含水率，测定可采用环刀法或酒精法。

**条文说明**

对于低等级公路，旧水泥混凝土路面再生后结构层的稳定性与路基含水率有关。如：当路基含水率处于适当的水平时，采用就地碎石化技术可使路基进一步密实；路基含水率超标时，采用冲击压裂技术容易引起路基弹簧翻浆。

**3.3.8** 应调查地下水位深度，必要时可采用钻探方法实测地下水位深度。

**3.3.9** 应调查现有交通量、交通组成及轴载情况。

## 3.4 沿线构造物及施工环境调查

**3.4.1** 应调查沿线上跨构造物情况，实测并记录桩号、净空、结构形式。

**3.4.2** 应调查沿线桥梁、管涵、地下管线情况，实测并记录桩号、结构形式，必要时实测结构尺寸；管涵、地下管线还应实测其埋置深度。

**3.4.3** 应调查挡墙、边沟及沿线其他构造物的位置、形式及技术状况。

**3.4.4** 应调查路侧房屋的位置、结构及损坏情况，必要时可拍照记录。

3.4.5 应调查其他对施工有影响或限制的因素。

## 3.5 旧路状况分析

3.5.1 应分析断板率、脱空率、路基含水率等资料，为再生利用技术选择提供依据。

3.5.2 应分析沥青混合料修补面积、换板情况、基层病害处置方式、路基 CBR 值、路基软弱路段及排水设施等资料，为旧路处置与排水设计提供依据。

3.5.3 应分析面板强度、基层结构类型及交通量等资料，为加铺层结构设计提供依据。

3.5.4 应分析气象、水文、地质情况，沿线构造物及施工环境等资料，保证施工质量及安全。

# 4 再生利用设计

## 4.1 一般规定

**4.1.1** 再生利用设计应包括再生利用技术选择、旧路处置与排水设计、加铺层结构设计和施工期间交通组织设计等内容。

**4.1.2** 加铺层结构设计应按现行《公路沥青路面设计规范》(JTG D50)和《公路水泥混凝土路面设计规范》(JTG D40)的规定进行。加铺层结构设计应按两阶段设计进行。

**4.1.3** 应按充分利用旧路面强度和材料的原则，综合考虑路面状况、路基条件、构造物、净空要求、施工限制条件、当地材料供应情况等因素，结合技术经济比较，合理选择再生利用技术，提高资源利用率。

**4.1.4** 应根据旧路状况，分段进行再生利用设计，分段长度不宜小于1km。

**4.1.5** 对损坏严重路段应进行特殊设计。

条文说明

为了给水泥路面再生工程的技术人员以更多的灵活度，对损害严重路段的判别标准在条文中没有给出明确规定。目前，大多地区的经验一般是当路段出现CBR值小于5，强度不足，出现软弹、过湿、沉陷的情况时，就要求做特殊设计。这些实践经验可以作为具体项目中的参考。

特殊设计指为使特殊路段满足强度要求而进行的设计工作，对特殊路段的换填深度、换填材料以及压实要求作出具体规定。

**4.1.6** 应在设计图中详细标注出受施工影响的桥涵结构物、沿线设施和房屋的位置。

**4.1.7** 应对施工期间的交通组织进行详细设计，维持通车路段应明确交通管制方案。

## 4.2 再生利用技术选择

**4.2.1** 旧水泥混凝土路面再生利用宜选择就地再生利用技术。当施工条件受限时，也可选择集中破碎再生方案。

**4.2.2** 断板率不小于5%时，不宜采用再生利用技术；断板率大于5%且小于80%时，宜采用就地碎石化再生利用技术；断板率小于20%，且脱空率不大于10%时，也可采用就地发裂再生利用技术。

**条文说明**

根据实体工程经验，当板底脱空率高于10%时，采用就地发裂技术无法彻底解决板底脱空现象，易导致再生层强度不均匀。

**4.2.3** 旧路面地下水位深度小于1m或路基含水率超出最佳含水率4%时，不宜采用冲击压裂技术。

**4.2.4** 采用多锤头碎石化和就地发裂再生利用技术时，应满足下列要求：

1 作业面距构造物最小距离应符合表4.2.4的规定。不能满足时，可采取共振碎石化技术或集中破碎技术。

表4.2.4 作业面距构造物最小距离

| 构造物类型 | | 采用就地发裂技术时最小距离（m） | 采用多锤头碎石化技术时最小距离（m） |
|---|---|---|---|
| 桥梁[a]和涵洞 | | 5 | 1.5 |
| 挡墙 | 有隔振沟 | 2.5 | — |
| | 无隔振沟 | 4 | 0.5 |
| 地下管线 | | 5 | 1 |
| 地下构造物顶部以上 | | 3 | 1 |
| 互通式立交桥梁[b] | | 10 | — |
| 建筑物 | 有隔振沟 | 20 | 5 |
| | 无隔振沟 | 30 | 8 |

注：[a] 与桥梁的距离为作业面到桥头搭板之间的距离。
　　[b] 与互通式立交桥梁的距离为作业面到桥墩之间的距离。

2 当公路沿线或两侧有对施工振动特别敏感的构造物或设备时，应与相关部门协商确定安全距离。

**条文说明**

隔振沟可消减设备的振动影响。

## 4.3 旧路处置与排水设计

**4.3.1** 对调查确定的路基软弱路段，应采用换填方式进行处置。换填要求应符合下列规定：

1 应按旧路面结构逐层开挖至满足该层设计承载力要求的深度。
2 换填材料宜采用透水性较好的材料。
3 基层回填宜采用与原基层相同的材料进行换填。
4 面层回填宜采用级配砾石，并宜符合表 4.3.1 的规定。换填层的顶面当量回弹模量应满足设计要求。

表 4.3.1 级配砾石技术要求

| 项　　目 | | 通过质量百分率（%） |
|---|---|---|
| 筛孔尺寸（mm） | 53 | 100 |
| | 37.5 | 90～100 |
| | 31.5 | 81～94 |
| | 19.0 | 63～81 |
| | 9.5 | 45～66 |
| | 4.75 | 27～51 |
| | 2.36 | 16～35 |
| | 0.6 | 8～20 |
| | 0.075 | 0～7 |
| 液限（%） | | <28 |
| 塑性指数 | 潮湿多雨地区 | <6 |
| | 其他地区 | <9 |

5 应采用满足要求的振动压路机。

**4.3.2** 有沥青混凝土罩面或其他柔性材料修补的，应制订清除方案。

**4.3.3** 就地再生利用路段，路面板边缘应设置纵向盲沟；路肩应设置横向盲沟，盲沟的设置可参照图 4.3.3 进行设计，并应满足下列要求：

1 纵向盲沟应设置于旧路面板边缘下，底面深度宜为旧路面板底面以下 15～20cm，宽度不宜小于 20cm，高度不宜小于 30cm。
2 横向盲沟的设置间距宜符合表 4.3.3 的规定。

表4.3.3 横向盲沟的设置间距

| 路线纵坡坡度（%） | 设置间距（m） |
| --- | --- |
| ≤0.3 | 10~20 |
| 0.3~3 | 20~30 |
| ≥3 | 30~40 |

3 横向盲沟方向宜为路肩合成坡度方向，其断面不应小于纵向盲沟断面。

4 盲沟底部宜设置用反滤织物包裹的多孔PVC管，管径不宜小于10cm。碎石层顶面应设置反滤织物。

5 盲沟的回填宜采用粒径在19~37.5mm范围内的单级配石料，填充高度不宜小于25cm，剩余部分可采用砂土等透水性材料回填。

6 超高路段外侧路面板边缘可不设置纵、横向盲沟，有中央分隔带的应在内侧路面板边缘设置横向集水设施，防止外侧水流入内侧路面范围内。

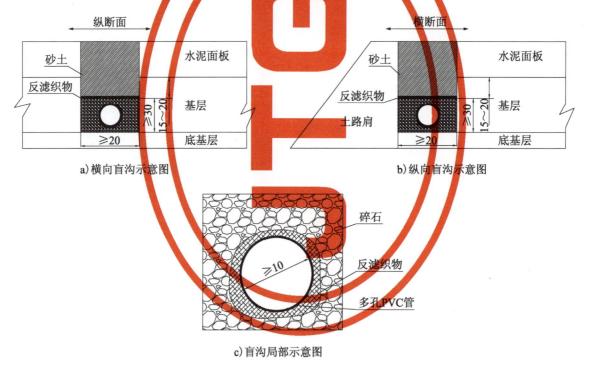

图4.3.3 盲沟设置示意图（尺寸单位：cm）

**4.3.4** 应疏通修复旧排水系统，新建排水系统应与旧排水系统相结合。

## 4.4 加铺层结构设计

**4.4.1** 加铺层结构设计应根据交通量、气候条件、路面状况、路基条件、沿线设施及再生利用技术等分段进行。

**4.4.2** 净空受限路段宜采取调整加铺层结构组成等方法减少加铺层总厚度，也可采取挖除重建的方案。

**4.4.3** 采用就地碎石化再生利用技术，应在破碎后的表面设置乳化沥青封层。封层用乳化沥青固含量宜为50%~55%，其余指标应满足现行《公路沥青路面施工技术规范》（JTG F40）的质量要求。乳化沥青用量宜为2.0~3.5kg/m²，顶面松散层粉末较多时用量宜采用上限。集料粒径宜为4.75~9.5mm，含泥量应小于3%。

条文说明

就地碎石化施工后设置乳化沥青封层主要起稳定碎石化顶面松散层和防水的作用。

**4.4.4** 应进行破碎施工后的纵、横坡调平设计，宜选用级配碎石或沥青碎石等材料，并应满足相应的等级要求。

**4.4.5** 采用就地碎石化再生利用技术时，碎石化层可直接作为基层或底基层。用作底基层时，宜采用柔性基层进行结构补强；采用就地发裂再生利用技术时，就地发裂层宜作为底基层。

**4.4.6** 加铺层结构设计宜分为预估设计与优化设计两个阶段。实测计算回弹模量值与推荐回弹模量值的差超出20MPa时，宜重新进行加铺层结构设计。

条文说明

在路面改造前，加铺层设计关键参数顶面当量回弹模量 $E_t$ 值无法确定，需根据经验预估确定 $E_t$ 值，因此称为预估设计阶段；破碎完成后，可以实测 $E_t$ 值，并优化结构设计，因此称为优化设计阶段。

**4.4.7** 预估设计阶段，旧路面再生后的顶面当量回弹模量预估代表值可按式（4.4.7）计算确定。

$$E_t' = \overline{E_t}/R_r \tag{4.4.7}$$

式中：$\overline{E_t}$——顶面当量回弹模量预估平均值，可按表4.4.7-1取值（MPa）；

$R_r$——根据表4.4.7-2确定的可靠度设计标准对应表4.4.7-3选取的可靠度系数；

$E_t'$——按可靠度方法折减后的顶面当量回弹模量预估代表值（MPa）。

**表4.4.7-1 水泥混凝土路面再生后顶面当量回弹模量预估值范围（MPa）**

| 基层结构类型 | 实测抗压强度代表值（MPa） | 再生方式 | | |
|---|---|---|---|---|
| | | 就地发裂 | 共振碎石化 | 多锤头碎石化 |
| 级配碎石 | ≤30 | 300~400 | 100~180 | 130~210 |
| | >30 | 340~440 | 140~220 | 170~250 |

续表4.4.7-1

| 基层结构类型 | 实测抗压强度代表值（MPa） | 再生方式 | | |
|---|---|---|---|---|
| | | 就地发裂 | 共振碎石化 | 多锤头碎石化 |
| 石灰/水泥/二灰稳定土 | ≤30 | 350~450 | 150~230 | 180~260 |
| | >30 | 390~490 | 190~270 | 220~300 |
| 单层水泥/二灰稳定碎石/砂砾 | ≤30 | 400~500 | 180~260 | 230~310 |
| | >30 | 440~540 | 220~300 | 270~350 |
| 双层水泥/二灰稳定碎石/砂砾 | ≤30 | 450~650 | 250~330 | 280~360 |
| | >30 | 490~690 | 290~370 | 320~400 |
| 贫混凝土 | ≤30 | 600~750 | 300~380 | 330~410 |
| | >30 | 640~790 | 340~420 | 370~450 |

表4.4.7-2 再生层可靠度设计标准

| 公路技术等级 | 高速 | 一级 | 二级 | 三级 | 四级 |
|---|---|---|---|---|---|
| 安全等级 | 一级 | | 二级 | 三级 | |
| 设计基准期ª（年） | 30（15） | | 20（12） | 15（8） | 10（6） |
| 目标可靠度（%） | ≥95 | ≥90 | ≥85 | ≥80 | ≥70 |

注：ª 设计基准期一栏的数据中，括号外为水泥混凝土路面，括号内为沥青路面。

表4.4.7-3 再生层变异水平、目标可靠度与可靠度系数关系表

| 变异水平等级 | 目标可靠度（%） | | | |
|---|---|---|---|---|
| | ≥95 | ≥90 | ≥85 | ≥80 |
| 低 | 1.20~1.33 | 1.09~1.16 | 1.04~1.08 | — |
| 中 | 1.33~1.50 | 1.16~1.23 | 1.08~1.13 | 1.04~1.07 |
| 高 | — | 1.23~1.33 | 1.13~1.18 | 1.07~1.11 |

**条文说明**

为使水泥混凝土路面再生利用后加铺层设计与我国的现行设计理论和方法相衔接，采用了以弹性层状体系理论为基础的新建路面设计方法。

**4.4.8** 中、轻交通量，缺少经验时，加铺层厚度可按附录A取值进行试算。

**4.4.9** 优化设计阶段，应实测再生层顶面当量回弹模量值，按式（4.4.9-1）计算再生层顶面当量回弹模量代表值，按式（4.4.9-2）计算再生层顶面计算回弹模量值。

$$\overline{E_{tc}} = \frac{\sum_{i=1}^{n} E_{tci}}{n}$$

$$S = \sqrt{\frac{\sum_{i=1}^{n}(E_{tci} - \overline{E_{tc}})^2}{n-1}}$$

$$E_{tc} = \overline{E_{tc}} - Z_a S \tag{4.4.9-1}$$

式中：$n$——测点数；

$E_{tci}$——各测点的当量回弹模量值（MPa）；

$S$——标准差；

$\overline{E_{tc}}$——所有测点的当量回弹模量平均值（MPa）；

$Z_a$——保证率系数，高速、一级公路取 1.645，二级及二级以下公路取 1.282；

$E_{tc}$——再生层顶面实测回弹模量代表值（MPa）。

$$E_{sj} = aE_{tc} \tag{4.4.9-2}$$

式中：$a$——考虑再生层通车稳定后密实度变化确定的模量修正系数，可按表 4.4.9 确定；

$E_{sj}$——再生层顶面计算回弹模量（MPa）。

表 4.4.9 考虑再生层通车稳定后密实度变化确定的模量修正系数

| 就地再生利用技术 | 计算模量/实测模量代表值 |
| --- | --- |
| 就地碎石化 | 1.05 ~ 1.15 |
| 就地发裂 | 0.85 ~ 0.95 |

# 5 就地碎石化施工

## 5.1 一般规定

**5.1.1** 就地碎石化施工应根据设计文件编制施工组织设计,合理选择设备。

**5.1.2** 遇雨、雪等恶劣天气,不宜进行就地碎石化施工,已破碎而未施工封层的路段宜采取防排水措施。

**5.1.3** 就地碎石化施工前,应通过试验路段确定施工参数及工艺流程,并在施工过程中严格执行。

**5.1.4** 现场施工的交通组织应按现行《公路养护安全作业规程》(JTG H30)进行,未封闭施工路段应制订交通管制及分流措施,未施工封层的已破碎路段不得开放交通。

**5.1.5** 应合理安排作业时间,减少噪声与振动对环境的影响。

## 5.2 设备要求

**5.2.1** 多锤头碎石化施工应采用多锤头破碎机和Z型单钢轮振动压路机等设备。

**5.2.2** 多锤头破碎机各锤头应能独立工作,提升高度应能自由调节;当多个锤头同时工作时,各锤头应能交替间隔落地。设备主要性能参数宜符合表5.2.2的要求。

表5.2.2 多锤头破碎机主要性能参数表

| 参 数 | 要 求 | 参 数 | 要 求 |
|---|---|---|---|
| 单锤头质量(kg) | 700~900 | 最大工作落锤势能(kJ) | <11 |
| 锤头的最大抬升高度(cm) | ≥150 | 最小破碎宽度(cm) | >20 |

**条文说明**

多锤头碎石化破碎效果主要取决于重锤下落时势能转化冲击能的大小。据施工经验得出，落锤势能过大，会对旧路基层造成不利影响。

**5.2.3** Z型单钢轮振动压路机的自重不宜小于12t，Z型钢箍的间距宜为7cm±1cm，高度宜为2.5~3cm，宽度不宜小于1cm。

**5.2.4** 共振碎石化施工应采用共振破碎机和单钢轮振动压路机等设备。

**5.2.5** 共振破碎机宜采用高频低幅类，设备主要性能参数宜符合表5.2.5的要求。

表5.2.5 共振破碎机主要性能参数表

| 参　　数 | 要　　求 | 参　　数 | 要　　求 |
| --- | --- | --- | --- |
| 锤头宽度（mm） | 20~30 | 振幅（mm） | 10~20 |
| 振动频率（Hz） | 40~60 | | |

**5.2.6** 单钢轮振动压路机的自重不宜小于12t。

## 5.3 施工准备

**5.3.1** 施工前应熟悉工程的设计文件，收集现场资料，核实工程数量，按工期要求、施工难易程度、气候条件等编制施工组织计划。

**5.3.2** 应落实仪器、设备，并进行调试校核。

**5.3.3** 应修复和疏通既有排水系统，按设计文件完成路面排水系统施工。

**5.3.4** 应清除旧路面上的沥青混合料修补材料。

条文说明

混凝土板块上存在的沥青混合料修补材料会吸收破碎设备的破碎能量，影响破碎效果，因此施工前应清除。

**5.3.5** 应按旧路处置设计要求完成路基软弱路段的处理工作。

**5.3.6** 应核实沿线上跨构造物、房屋、桥梁、管涵、地下管线和边沟等构造物的位置，并区分标注。

**5.3.7** 应按设计要求，采取开挖边沟等减轻振动影响的措施。

5.3.8 应在施工影响区外设置水准控制点,并复测旧路高程。

## 5.4 试验路段

5.4.1 应选取有代表性的路段作为试验路段,长度不宜小于500m。

**条文说明**

代表性路段指选择的试验路段病害特征、工程特点和施工环境能反映设计路段的普遍特征,可全面指导设计路段的再生利用施工,并对其工程进度、质量和效益起到保证作用。

5.4.2 试验路段应按拟采用的工艺进行施工,试验过程中应实测相关的施工参数,并及时评价处置效果。缺乏施工经验时,可参考表5.4.2-1和表5.4.2-2确定初始试验参数。

表5.4.2-1 多锤头破碎设备初始试验参数

| 参 数 | 要 求 | 参 数 | 要 求 |
|---|---|---|---|
| 落锤高度(cm) | 130 | 工作速度(m/min) | 1 |
| 落锤间距(cm) | 10 | 乳化沥青用量(kg/m$^2$) | 2.5 |

表5.4.2-2 共振破碎设备初始试验参数

| 参 数 | 要 求 | 参 数 | 要 求 |
|---|---|---|---|
| 振动频率(Hz) | 50 | 工作速度(m$^2$/h) | 500 |
| 振幅(mm) | 15 | | |

5.4.3 应通过试验路段并结合本细则第5.7.1条的要求,确定下列施工参数:
1 多锤头破碎机锤头落锤高度和间距;
2 共振破碎机的振动频率和振幅;
3 工作速度;
4 乳化沥青及石屑用量。

**条文说明**

试验路段确定的施工参数还需满足质量检验要求中粒径的要求。

5.4.4 乳化沥青封层破乳成型后,应实测顶面当量回弹模量,检测点数不宜少于3个,作为优化设计阶段的顶面当量回弹模量实测值,并计算其代表值。

**条文说明**

试验路段确定的当量回弹模量代表值不仅是优化设计阶段的设计参数，还是检查验收的主要指标。

**5.4.5** 试验路段施工结束后，应及时整理数据，确定标准施工工艺流程，编制总结报告，完善施工组织设计。

## 5.5 多锤头碎石化施工

**5.5.1** 多锤头碎石化施工应按下列工序进行：
1 清除现有的沥青混合料修补层。
2 修复或增设排水设施。
3 路基软弱路段处置。
4 线路内、外及地下构造物标记。
5 设置施工测量控制点。
6 按照试验路段确定的相关施工参数，破碎旧水泥混凝土路面，清除嵌缝料。
7 Z型单钢轮振动压路机碾压2~3遍，钢轮压路机碾压2~3遍，洒布乳化沥青封层后再撒布集料，钢轮压路机碾压2~3遍。
8 质量检验。
9 加铺新结构层。

**5.5.2** 破碎施工应按先破碎路面两侧车道，再破碎中间行车道的顺序进行；破碎时应有重复破碎搭接面，搭接宽度不应小于10cm。

**5.5.3** 施工中应及时清除填缝料、胀缝材料、暴露的加强钢筋或其他杂物。

**5.5.4** 施工过程中临时发现的软弱路基，应及时按旧路处置设计要求进行。

**5.5.5** 破碎硬路肩时应适当降低外侧锤头高度，减小落锤间距。

**5.5.6** 破碎路段下有涵洞时，应适当降低锤头高度，减小落锤间距。

**5.5.7** 基层强度过高或水泥板过厚路段，应适当提高锤头高度，减小落锤间距；锤击强度不够时，可在破碎施工前采用打裂或其他手段对混凝土路面进行预裂处理。

**5.5.8** 破碎后应及时测量顶面高程，并按设计要求进行调平层施工。

**5.5.9** 乳化沥青封层表面应均匀撒布集料，用量以钢轮压路机碾压时不粘轮为准。

## 5.6 共振碎石化施工

**5.6.1** 共振碎石化应按下列工序进行：
1 清除现有的沥青混合料修补层。
2 修复或增设排水设施。
3 路基软弱路段处置。
4 设置施工测量控制点。
5 按照试验路段确定的相关施工参数，破碎旧水泥混凝土路面，清除嵌缝料。
6 钢轮振动压路机碾压2~3遍，洒布乳化沥青封层后再撒布集料，钢轮压路机静压2~3遍。
7 质量检验。
8 加铺新结构层。

**5.6.2** 破碎施工应按先破碎路面两侧车道，再破碎中间行车道的顺序进行；破碎时应有重复破碎搭接面，搭接宽度不应小于5cm。

**5.6.3** 当距路面两侧边缘50~75cm破碎时，应将锤头与路边缘调成30°~50°的夹角进行边缘破碎。

**5.6.4** 水泥板强度过高或过厚路段，应适当提高振动频率或在破碎施工前采用打裂或其他手段对混凝土路面进行预裂处理。

**5.6.5** 共振碎石化施工其他要求，可按本细则第5.5.3、5.5.4、5.5.8条的规定执行。

## 5.7 就地碎石化施工质量检验

**5.7.1** 就地碎石化施工后应开挖试坑进行检验，试坑位置应按现行《路基路面现场测试规程》（JTG E60）中的相关要求确定。

**5.7.2** 多锤头碎石化施工应按表5.7.2的要求进行质量检验。试坑开挖尺寸不宜小于80cm×80cm；开挖深度不宜小于旧路面板厚度的2/3。

表 5.7.2 多锤头碎石化施工质量检验标准

| 项　次 | 检 查 内 容 | 标　准 | 合 格 率 | 检查方法和频率 |
| --- | --- | --- | --- | --- |
| 1 | 顶面最大粒径（cm） | ≤7.5 | 75% | 直尺，每车道每公里不宜少于2处 |
| 2 | 中部最大粒径（cm） | ≤22.5 | | |

**5.7.3** 共振碎石化施工应按表5.7.3的要求进行质量检验。试坑开挖尺寸不宜小于50cm×50cm；开挖深度不宜小于旧路面板厚度。

表 5.7.3 共振碎石化施工质量检验标准[a]

| 项　次 | 检 查 内 容 | 标　准 | 合 格 率 | 检查方法和频率 |
| --- | --- | --- | --- | --- |
| 1 | 顶面最大粒径（cm） | ≤5 | 75% | 直尺，每车道每公里不宜少于2处 |
| 2 | 上部最大粒径（cm） | ≤10 | | |
| 3 | 下部最大粒径（cm） | ≤18 | | |

注：[a] 破碎粒径应满足质量检验标准，但不宜过碎。

**条文说明**

参照国外标准和国内实体工程成果，水泥板破碎粒径是控制加铺层结构不出现早期反射裂缝及保留旧路面板残留强度的关键参数。破碎粒径太小会使旧板块强度损失过大，而破碎粒径过大破碎后再生层的强度不均匀，所以要对粒径范围做出限制。

**5.7.4** 乳化沥青封层破乳稳定后应立即检测顶面当量回弹模量值，测点数量每公里不宜少于3个，并计算其代表值。代表值应满足试验路段顶面当量回弹模量代表值的要求；不满足要求时，应采取调整施工参数等措施。

# 6 就地发裂施工

## 6.1 一般规定

**6.1.1** 就地发裂施工应根据设计文件编制施工组织设计，合理选择设备。

**6.1.2** 遇雨、雪等恶劣天气时，不宜进行就地发裂施工，已破碎而未施工封层的路段宜采取防排水措施。

**6.1.3** 就地发裂施工前，应通过试验路段确定施工参数及工艺流程，并在施工过程中严格执行。

**6.1.4** 现场施工的交通组织应按现行《公路养护安全作业规程》（JTG H30）进行，未封闭施工路段应制订交通管制及分流措施，发裂作业完成且未加铺结构层路段可开放交通进行碾压。

**6.1.5** 应合理安排作业时间，减少噪声与振动对环境的影响。

## 6.2 设备要求

**6.2.1** 板式打裂压稳施工应采用板式破碎机和重型胶轮压路机等设备。

**6.2.2** 板式破碎机的破碎能力应与待破碎水泥混凝土路面板强度、厚度相适应，能使水泥混凝土路面板全深度开裂。设备主要性能参数宜符合表6.2.2的要求。

表6.2.2 板式破碎机主要性能参数表

| 参 数 | 要 求 | 参 数 | 要 求 |
|---|---|---|---|
| 板锤质量（kg） | 5 000 ± 500 | 最小破碎宽度（cm） | ≤250 |
| 最大落锤高度（cm） | ≥200 | 落锤间距（cm） | 20 ~ 50 |

**6.2.3** 重型胶轮压路机自重不应小于24t。

**6.2.4** 冲击压裂施工设备宜采用四边形或五边形冲击压路机，不宜采用三边形冲击压路机。设备主要性能参数宜符合表 6.2.4 的要求。

表 6.2.4 冲击压裂设备主要性能参数表

| 参　　数 | 要　　求 | 参　　数 | 要　　求 |
|---|---|---|---|
| 最大冲击轮质量（kg） | ≤8 000 | 最小破碎宽度（cm） | ≥230 |
| 最大工作速度（m/s） | ≤10 | | |

## 6.3 施工准备

**6.3.1** 施工前应熟悉工程的设计文件，收集现场资料，核实工程数量，按工期要求、施工难易程度、气候条件等编制施工组织计划。

**6.3.2** 应落实仪器、设备，并进行调试校核。

**6.3.3** 应修复和疏通既有排水系统，按设计文件完成路面排水系统施工。

**6.3.4** 应清除旧路面上的沥青混合料修补材料。

**6.3.5** 应按旧路处置设计要求完成路基软弱路段的处理工作。

**6.3.6** 应核实沿线上跨构造物、房屋、桥梁、管涵、地下管线和边沟等构造物的位置，并区分标注。

**6.3.7** 应按设计要求，采取开挖边沟等减轻振动影响的措施。

**6.3.8** 应在施工影响区外设置水准控制点，并复测旧路高程。

## 6.4 试验路段

**6.4.1** 应选取有代表性的路段作为试验路段，长度不宜小于 800m。

**6.4.2** 试验路段应按拟采用的工艺进行施工，试验过程中应实测相关的施工参数，并及时评价处置效果。缺乏施工经验时，可参考表 6.4.2-1 和表 6.4.2-2 确定初始试验参数。

表6.4.2-1 板式打裂压稳设备初始试验参数

| 参　　数 | 要　　求 | 参　　数 | 要　　求 |
|---|---|---|---|
| 落锤高度（cm） | 125 | 工作速度（m/min） | 2.5 |
| 落点间距（cm） | 35 | | |

表6.4.2-2 冲击压路机初始试验参数

| 参　　数 | | 要　　求 |
|---|---|---|
| 冲压遍数（遍） | | 10~15 |
| 工作速度（km/h） | 初压阶段 | 7~9 |
| | 压密阶段 | 9~12 |

**6.4.3** 应通过试验路段并结合本细则第6.7.1条的要求，确定下列施工参数：
1 冲击压路机型号；
2 冲击压路机的行进速度及冲压遍数；
3 板式破碎机的落锤间距和高度；
4 标准施工工艺流程。

**6.4.4** 就地发裂施工完成后应实测顶面当量回弹模量，检测点数不宜少于3个，作为优化设计阶段的顶面当量回弹模量实测值，并计算其代表值。

**6.4.5** 试验段施工结束后，应及时整理数据，确定标准施工工艺流程，编制总结报告，完善施工组织设计。

## 6.5 板式打裂压稳施工

**6.5.1** 板式打裂压稳施工应按下列工序进行：
1 修复或增设排水设施。
2 路基软弱路段处置。
3 线路内、外及地下构造物标记。
4 设置施工测量控制点。
5 按照试验路段确定相关施工参数，打裂旧水泥混凝土路面，并清除嵌缝料。
6 重型胶轮压路机碾压。
7 质量检验。
8 加铺新结构层。

**6.5.2** 应按行车方向从距路面板边缘20cm处开始逐幅打裂，相邻两幅的间隔宽度宜为20~50cm。

**6.5.3** 完成打裂作业后，应采用重型胶轮压路机压稳，遍数不应少于 3 遍，也可开放交通碾压。

**6.5.4** 打裂压稳施工其他要求，可按本细则第 5.5.3、5.5.4、5.5.8 条的规定执行。

## 6.6 冲击压裂施工

**6.6.1** 冲击压裂施工应按下列工序进行：
1 修复或增设排水设施。
2 路基软弱路段处置。
3 线路内、外及地下构造物标记。
4 设置施工测量控制点。
5 按试验路段确定相关施工参数，冲压旧水泥混凝土路面，施工中应有安全监控措施。
6 冲压完路面应测量顶面高程，并按设计要求进行调平层施工。
7 质量检验。
8 加铺新结构层。

**6.6.2** 应从路面板边缘处开始向中间冲压，冲击压路机的行驶路线宜按图 6.6.2 的方式进行。当直行冲击碾压数遍、破碎效果不理想时，可尝试走"S"形路线。

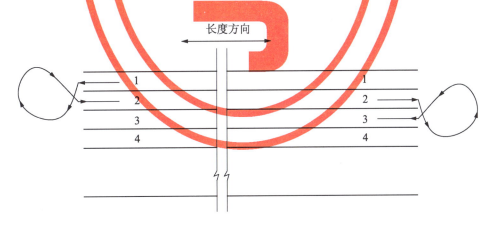

图 6.6.2 冲击压裂路线示意图

**6.6.3** 四边形冲击压路机冲压遍数宜为 7～15 遍，五边形冲击压路机冲压遍数宜为 10～20 遍，具体数值应根据现场情况确定。

**6.6.4** 冲击压裂作业时振动强烈，应预留安全间距并注意对冲压区域构造物的观察。当发现有异常情况时，应立即中断施工，采取其他方式打裂，避免造成构造物损伤。

**6.6.5** 冲压施工过程中出现"弹簧"现象时,应暂停施工,采取其他方式破碎。

**条文说明**

"弹簧"现象一般是因为路基的含水率超过最佳含水率过多,由于冲击力过大导致毛细水上升造成,其具体表现为:受压下陷、去压回弹,说明该段不适宜采用冲压施工。

**6.6.6** 冲压施工其他要求,可按本细则第5.5.3、5.5.4、5.5.8条的规定执行。

## 6.7 就地发裂施工质量检验

**6.7.1** 就地发裂施工应按表6.7.1的要求进行质量检验。

表6.7.1 就地发裂施工质量检验标准

| 检查内容 | 标准 | 合格率 | 检查方法和频率 |
|---|---|---|---|
| 开裂要求（m²） | 相邻裂缝形成0.3~0.6的块状 | 75% | 绘图测量法<br>每公里每车道不少于10处 |
| 高程差（mm） | 相邻两次测量值≤5 | 100% | 水准测量<br>每公里每车道不少于5处 |

**6.7.2** 就地发裂施工后应立即检测顶面当量回弹模量值,测点数量每公里不宜少于3个,并计算其代表值。代表值应满足试验路段顶面当量回弹模量代表值的要求;不满足要求时,应采取调整施工参数等措施。

# 7 集中破碎再生

## 7.1 一般规定

**7.1.1** 挖除旧路面前，应按设计要求修复或增设排水设施，挖除后应及时做好基层防排水工作。

**7.1.2** 现场施工的交通组织应按现行《公路养护安全作业规程》（JTG H30）进行，挖除路段未加铺结构层前不得开放交通。

**7.1.3** 集中破碎时应有防尘等措施。

**7.1.4** 挖除水泥混凝土路面板后应及时进行后续施工。

**7.1.5** 集中破碎场地应进行硬化处置，并做好防排水。

**7.1.6** 再生集料应根据设计要求分级筛分、分级堆放。

**7.1.7** 再生集料使用前，应进行相应的配合比设计和性能试验分析，确定再生集料的使用比例。

## 7.2 设备要求

**7.2.1** 旧水泥混凝土路面挖除应采用对基层强度和结构无影响的设备。

**7.2.2** 集中破碎机械应具备两级破碎功能，并配备除尘和钢筋剔除装置，钢筋的剔除率不应小于95%，初级破碎后的混凝土碎块粒径宜为70~150mm。

**7.2.3** 筛分设备应配备除尘装置。

## 7.3 再生集料质量要求

**7.3.1** 满足《公路水泥混凝土路面施工技术细则》（JTG/T F30—2014）中表3.3.2

和表 3.3.3 要求的再生粗集料经配合比验证后可用于水泥混凝土面层,再生细集料不宜用于水泥混凝土面层。

**7.3.2** 满足《公路路面基层施工技术规范》(JTJ 034—2000)中第 3.2 节要求的再生集料经配合比验证后可用于水泥稳定碎石。

**7.3.3** 满足《公路路面基层施工技术规范》(JTJ 034—2000)中第 6.2 节要求的再生集料经配合比验证后可用于级配碎石。

**7.3.4** 满足《混凝土用再生粗集料》(GB/T 25177—2010)中第 5 章要求的再生粗集料也可用于贫混凝土基层。

**7.3.5** 其他粒料类基层施工要求可参照现行《公路路面基层施工技术规范》(JTJ 034)执行。

# 附录A 水泥混凝土路面就地再生加铺层参考结构

**表A-1 水泥混凝土路面就地碎石化加铺层参考结构**

| 公路等级 | 交通荷载等级 | 面层类型 | 加铺层典型结构（自下而上） |
|---|---|---|---|
| 高速、一级 | 中等、轻 | 沥青混凝土 | 8~10cm沥青稳定碎石+6~8cm中粒式沥青混凝土+4~5cm细粒式沥青混凝土 |
| | | | 18~20cm级配碎石基层+8~10cm沥青稳定碎石+4~5cm细粒式沥青混凝土 |
| | | 水泥混凝土 | 25~28cm水泥混凝土面层 |
| 二级及二级以下 | 中等、轻 | 沥青混凝土 | 18~20cm级配碎石基层+8~10cm沥青稳定碎石+4~5cm细粒式沥青混凝土 |
| | | | 8~12cm沥青稳定碎石+4~5cm细粒式沥青混凝土 |
| | | 水泥混凝土 | 23~26cm水泥混凝土面层 |

**表A-2 水泥混凝土路面就地发裂加铺层参考结构**

| 公路等级 | 交通荷载等级 | 面层类型 | 加铺层典型结构（自下而上） |
|---|---|---|---|
| 高速、一级 | 中等、轻 | 沥青混凝土 | 36~40cm水泥稳定碎石基层+8~12cm沥青稳定碎石+4~5cm细粒式沥青混凝土 |
| | | | 36~40cm水泥稳定碎石基层+8~10cm沥青稳定碎石+6~8cm中粒式沥青混凝土+4~5cm细粒式沥青混凝土 |
| | | 水泥混凝土 | 36~40cm水泥稳定碎石基层+25~30cm水泥混凝土面层 |
| 二级及二级以下 | 中等、轻 | 沥青混凝土 | 36~40cm水泥稳定碎石基层+6~10cm沥青稳定碎石+4~5cm细粒式沥青混凝土 |
| | | | 18~20cm水泥稳定碎石基层+8~12cm沥青稳定碎石+4~5cm细粒式沥青混凝土 |
| | | 水泥混凝土 | 18~20cm水泥稳定碎石基层+22~25cm水泥混凝土面层 |

# 本细则用词用语说明

1 本细则执行严格程度的用词,采用下列写法:
1)表示很严格,非这样做不可的用词,正面词采用"必须",反面词采用"严禁";
2)表示严格,在正常情况下均应这样做的用词,正面词采用"应",反面词采用"不应"或"不得";
3)表示允许稍有选择,在条件许可时首先应这样做的用词,正面词采用"宜",反面词采用"不宜";
4)表示有选择,在一定条件下可以这样做的用词,采用"可"。

2 引用标准的用语采用下列写法:
1)在标准总则中表述与相关标准的关系时,采用"除应符合本细则的规定外,尚应符合国家和行业现行有关标准的规定";
2)在标准条文及其他规定中,当引用的标准为国家标准和行业标准时,表述为"应符合《××××××》(×××)的有关规定";
3)当引用本标准中的其他规定时,表述对"应符合本细则第×章的有关规定"、"应符合本细则第×.×节的有关规定"、"应符合本细则第×.×.×条的有关规定"或"应按本细则第×.×.×条的有关规定执行"。